JN100744

楽しむ伝統文化
伝統文化

着物

2

着物のシーン別・
12か月コーデ

監修　織田きもの専門学校

保育社
HOIKUSHA

この本を読むみなさんへ

みなさんは、着物にどんなイメージを持っていますか?
夏のお祭りのときに浴衣を着たことがある人や、
七五三のお祝いに着物を着たことがある人もいるかもしれません。

「着るのが難しそうだし、気軽には着られない」
「いろいろなルールがあって、めんどうくさそう」
というイメージなどから、着物をあまり身近に感じられない人も多いでしょう。

でも、昔の日本人のふだん着が着物だったように、着物はだれでも着られるもので、
難しいものではありません。身近に感じられるようになれば、
洋服と同じようにファッションの一つとして、おしゃれを楽しめるようになります。
とはいえ、TPO(Time 時 / Place 場所 / Occasion 場面)を守ることも大切なので
この本を読んで、知っておきましょう。

第1巻では、着物の種類やルール、着物に必要なアイテムなど着物の基本、
第2巻では、着ていくシーンや季節ごとのコーディネートの楽しみ方、
第3巻では、着付け方やヘアアレンジ、着物に使える小物作り、洋装との合わせ方など、
より実践的な楽しみ方を紹介しています。
手作りの小物を身につけるだけで、着物の楽しさがいっそう広がります。

着物は日本の伝統文化が詰まった、海外からも人気のある、とても魅力的な衣装です。
七五三や卒業式、結婚式などのお祝いの場以外にも、
旅先やちょっとしたおでかけなど、着物を着られる場面はたくさんあります。
いろいろなシーンで積極的に取り入れ、着こなしてみてください。
着物はみなさんを輝かせてくれるでしょう。

織田きもの専門学校

この本の内容や情報は、制作時点（2023年11月）のものであり、今後変更が生じる場合があります。

参考文献

・『きもの文化検定公式教本Ⅰ　きものの基本』／一般社団法人 全日本きもの振興会編／ハースト婦人画報社／（2023 年）

・『ひとりで着られる着つけと帯結び　はじめての着物』／荘司礼子監修／主婦の友社／（2019 年）

・『最新版　きものに強くなる事典』／世界文化社／（2013 年）

・『おうちでできる着物の基本 BOOK』／石田節子監修／マイナビ／（2012 年）

・『改訂版 伝統を知り、今様に着る　着物の事典』／大久保信子監修／池田書店／（2023 年）

・『調べる学習百科　和服がわかる本』／こどもくらぶ編／岩崎書店／（2016 年）

・『マンガで教養　はじめての着物』／大竹恵理子監修／朝日新聞出版／（2020 年）

・『魅力を知ればもっと好きになる!　着物を楽しむ教科書』／池田由紀子監修／ナツメ社／（2022 年）

1章

シーン別
着物コーデ

着物を着る場面は、成人式や七五三などの改まった催しや
夏祭りなどのカジュアルなシーンまでさまざま。
それぞれの場面に合わせたコーディネートのポイントを紹介します。

TPOに合わせた着こなしをしよう

TPOとは、Time（時間）、Place（場所）、Occasion（場面）の略称。時と場所、場面に合わせてふさわしい服装をすることを意味します。

着物には地位や立場を表す「格」がある

着物は、その種類によって大きく正礼装、準礼装、おしゃれ着、ふだん着という使い分けがあり、こうした序列を着物の「格」と呼びます。着ている装いそのものが相手と場所への敬意を表すことにもつながるので、TPOに合わせた着物を着ることが礼儀とされています。

袴も浴衣も着物の一種

着物とは和装全般のことで、袴、浴衣、振袖などの総称です。そもそも着物とは、着る物全般を指す言葉でした。着物という言葉が和装だけを指して呼ばれるようになったのは、明治時代に西洋の服装が取り入れられるようになってからです。

卒業式

卒業式の和装では、男性は紋付羽織袴、
女性は振袖か、振袖に袴をはく装いが多いです。
卒業式に女性が袴をはくのは、明治時代の女学生の制服が袴であったことに由来しています。

紋付羽織袴
→ 1巻で紹介

準礼装でよく、羽織
や袴の色は自由。

和装で決めるなら
紋付羽織袴でかっこよく

男性の袴は
腰の位置で
着付ける。

足袋は白が
一般的。

振袖と袴
→ 1巻で紹介

女性の袴は胸のすぐ下
の位置で、高めに着付
ける。

卒業式は振袖に
あこがれの袴で決まり！

卒業式の振袖
は、袖の短い小
振袖が多い。

足元がブーツの場合、
袴の丈は足首あたり
に。草履の場合は、く
るぶしが隠れるくらい
の長さに。

夏祭り

浴衣は、夏祭りや花火大会などの気軽な夏の外出着に欠かせない
ファッション。男性や子どもは甚平を着ることも。法被・半纏は、
祭りの踊り子や神輿・山車の担ぎ手などが着る伝統衣装です。

浴衣
→ 1巻で紹介

いつもとちがう魅力を演出
スマートに着こなして

男性の帯は、腰の
下のほうでしめる。

丈は女性の浴衣よ
り短め。

はだしに下駄。

伝統的な浴衣の色は紺と
白。現在は色柄も豊富。

レースの兵児帯との組
み合わせなど、帯のア
レンジは自由。つける
だけの作り帯もある。

浴衣姿でかわいさ倍増！
帯のアレンジでおしゃれ度アップ

浴衣はもともとお風呂上がりの衣服だった!?

浴衣の始まりは「湯帷子」という、平安時代に貴族が蒸し風呂時に着ていた麻の着物といわれています。当時は浴槽に入る習慣がなく、蒸し風呂の水蒸気でのやけどを防ぐなどの役割で着られていました。その後入浴の習慣が広まり、江戸時代には庶民が銭湯帰りに汗をよく吸う着物として着るようになります。それが明治時代に夏のふだん着として定着し、「浴衣」と呼ばれるようになりました。

甚平

暑い夏でも涼しくて快適！
ちょっとした外出にも

法被・半纏

江戸時代は職人が着ていた正装。羽織は背中に大きな紋が一つ入っている。

おそろいの法被を着て
一気にお祭りモード！

丈が短く、付けひもを内側で結んで着る。

同じ色柄の半ズボンをはくのが一般的。

はだしに下駄。

股引きを合わせるのが正式。

足の裏にゴム底がついた地下足袋。

9

七五三
しち　ご　さん

日本では 11 月 15 日頃に、その年に3歳、5歳、7歳になった子どもの
成長の節目として、晴着を着せて神社に参拝する行事があります。
長袖とは3〜12 歳くらいまでの女の子が着る、袖の長い着物のことです。

長袖
ながそで

紋付羽織袴
もんつきはおりはかま

長袖と被布
ながそで　ひ　ふ

7歳の節目は華やかな晴着で参拝へ

5歳の成長は羽織袴で変身！

初めての七五三は着物でちょっぴりおすまし

髪型はおだんご
などまとめ髪に。

帯か胸に扇子
をさす。

白い扇子。

着物の上に「被
布」と呼ばれる
綿入りのベストの
ようなものを着る。

筥迫。
はこせこ

紋付羽織袴。
もんつきはおりはか

守り刀。
まも　がたな

帯下に「し
ごき」とい
う飾り帯を
付ける。
おびした

千歳飴

ぽっくりか草履。
ぞうり

白足袋に白い鼻緒の雪駄。
しろたび　しろ　はなお　せった

※地域によっては 3 歳のお祝いに男の子も袖なし
の羽織袴を着ることもあります。
ちいき　　　　　　　さい　いわ　　　　おとこ　こ　そで
はおりはかま　き

成人式

立派な大人に成長したことをお祝いする成人式では、
女性にとっては特別なハレの日の衣装「振袖」が定番です。
男性は、礼装の紋付羽織袴を着ます。

紋付羽織袴

準礼装でよく、羽織や袴の色は自由。

式典は礼装で厳かに
成人らしく

足袋は白が一般的。

振袖

髪型は、着物とのバランスに合わせて華やかに。

中振袖が一般的。防寒用にふわふわのショールを羽織ることも。

バッグは洋装用のものでもOK。

一生に一度の成人式は
豪華な振袖で晴れやかに

結婚式

結婚式の新郎新婦が着る和装は、男性は正礼装である黒の五つ紋付羽織袴が基本で、女性がドレスの場合は、色紋付羽織袴でも良いとされています。
女性の和装は白無垢、色打掛、引き振袖の3種類があります。

五つ紋付羽織袴

女性が和装の場合は、正礼装である、黒の五つ紋付羽織袴がベスト。

和装婚なら最上格の黒の紋付羽織袴で

白い扇子。

白足袋に白い鼻緒の草履。

白無垢

魔除けのお守りとして帯に「懐剣」といわれる短刀と、「末広」といわれる扇をさす。

頭には、「綿帽子」や「角隠し」と呼ばれる白い布のヘッドドレスをつける。イラストは綿帽子。

「掛下」という白の振袖に白い帯をしめ、白打掛を羽織る。

純粋無垢を表す日本古来の花嫁衣装

歴史コラム

白無垢は武家の娘の婚礼衣装だった

白は邪気を払うとされ、古来、神様に仕える人の衣装にも白が使われてきたことから、神聖な儀式である結婚式の花嫁衣装には、白い衣装を身につける習慣がありました。白無垢が確立したのは室町時代。

幕府によって結婚の方式が決められ、武家の婚礼衣装として使われるようになりました。武家の家を卒業し、とついだ家の嫁として新たに生まれ変わったことの象徴として、白を身につけていたといわれています。

色打掛

白無垢で着ていた掛下。

「筥迫」といわれる鏡や化粧品をいれたポーチのようなもの。

華やかな色打掛には、花嫁の幸福を願い縁起のよい柄が描かれている。

白無垢の打掛を変えたお色直しの衣装

引き振袖

懐剣と末広。

黒い引き振袖がもっとも格が高いとされる。

江戸時代には上流階級で着られた花嫁衣装

引きずるほど長い大振袖のすそを、そのまま下までたらして着る。

披露宴・式典

結婚式の披露宴や祝賀式典、入学式など、
おめでたい行事の参列やゲストとして招かれたときは、
招いてくれた人への礼をつくす意味をこめて訪問着や色留袖で華やかに装います。

訪問着

→ 1巻で紹介

友人の結婚式なら、訪問着やつけ下げに、金糸銀糸の袋帯。

小物は白、金、銀でまとめるとよりフォーマルに。

格式高いお祝いの席は訪問着で華やかに

色留袖

→ 1巻で紹介

表裏が金銀の扇子。

親族の結婚式なら色留袖、未婚なら振袖か訪問着でもOK。新郎新婦の母親や仲人は黒留袖。

親族の結婚式の参列はフォーマルな色留袖で

白足袋にかかとが高めの草履。

コンサート・観劇

クラシックコンサートや歌舞伎、舞台の観劇、
ドレスコードのあるレストランでの食事など、ちょっとおしゃれして行きたいときは、
つけ下げや小紋がおすすめです。

つけ下げ
→ 1巻で紹介

歌舞伎などの古典芸能なら古典柄、クラシックやオペラならモダン柄など、行先に合わせて柄を選んで。

いつもとちがった装いで鑑賞気分を盛り上げて

白足袋に草履。

小紋
→ 1巻で紹介

お店や会場の規模が大きい場合は袋帯、気軽な場合は、名古屋帯で華やかに。

帯を変えるだけでドレスコードにも対応！

音が鳴るため、下駄は観劇にはマナー違反。つけ下げや小紋を着る場合は、観劇に限らず、はだしに下駄はNG。

ランチ・ショッピング

ランチやショッピング、旅行先での街歩きなど、
ふだん着として着るときは木綿やつむぎなど気軽な素材の着物を。
足元やバッグに洋装アイテムを合わせてもOK。自由に楽しみましょう。

木綿
→ 1巻で紹介

カジュアルなシーンに
豪華な袋帯はNG。

つむぎ
→ 1巻で紹介

帯じめや帯どめにアク
セントカラーを取り入
れるとおしゃれ。

旅先の街歩きにぴったり
観光気分をさらに盛り上げ！

お友だちとのランチも
着物コーデで楽しんで

近所への買い物な
ら、きんちゃくなど
で粋な装いに。

かかとが低め
の草履。

色柄の足袋
でもOK。

2章

12か月の
コーディネート

着物の魅力は、季節に合わせて色合わせや文様で
さまざまな着こなしを楽しめるところにもあります。
ここで紹介するコーディネート例をヒントに楽しんでみましょう。

季節に合わせて
着物を選ぼう

着物には生地や仕立て方により、袷、単衣、薄物という3つの種類があります。
着る時期はあくまでも参考なので、
気温や気候に合わせて過ごしやすいものを選んで楽しみましょう。

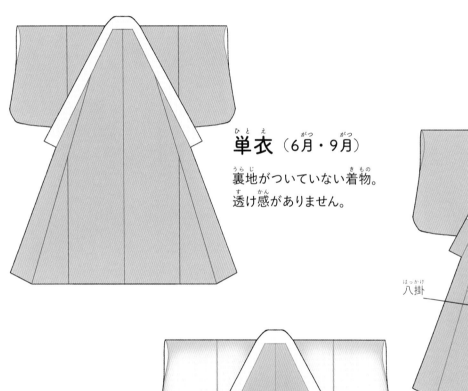

単衣（6月・9月）

裏地がついていない着物。
透け感がありません。

胴裏

八掛

袷（10月〜5月）

「胴裏」と「八掛」と呼ばれる
裏地がついている着物。着る
時期がもっとも長い。

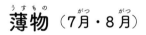

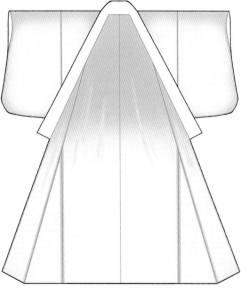

薄物（7月・8月）

単衣の中でも透け感のあ
る生地で仕立てられたも
の。見た目も涼しげ。

季節の上着いろいろ

着物用の上着にも、さまざまな種類があります。
えりの形がV字のコートを「道中着」、
四角く開いているものを「道行」といいます。

コート

寒い冬の外出用の防寒着。ウールやビロードなどの生地があり、形や長さはさまざま。

羽織

洋服でいうカーディガン。室内で着ていてもOK。薄手で透ける生地のものや長さもさまざまです。男性用には袖がない羽織もあります。

雨コート

はっ水加工の雨用の上着。着物のすそまで隠す長さがあるのが一般的です。

ケープ

洋装のときにでも着られます。えり元にファーがついているものも。

初詣や年始のあいさつは ハレの装いで

赤やオレンジなどの暖色系がメインのおめでたい色柄を意識して、コーディネートしましょう。
松竹梅や鶴亀、宝づくしなどの古典柄はお正月らしさをアップ。着物は裏地のついた袷に。
外出時はコートやショール、手袋やアームウォーマーなどでしっかり防寒対策をしましょう。

レトロ柄の振袖で
明るく新年をお祝い

梅の花で初春を祝う
初詣コーデ

**おすすめ
モチーフ**

・羽子板
・だるま
・こま
・宝づくし
・梅
・ツバキ
・南天

梅の花柄の着物に、防寒用のショールをかけて。ヘア飾りやバッグにも、お花のモチーフをたっぷり使って。

冬の花・ツバキをモチーフにしたクラシック柄の振袖。ポニーテールに赤いリボンがポイント。

2月

立春の季節
待ちわびる春を演出

暦の上ではもう春。ピンクや黄緑色など春をイメージさせる色やモチーフで、季節を先取りしましょう。
2月といえば節分とバレンタイン。鬼のパンツを連想させるヒョウ柄、ハートやチョコレートカラーを
コーデに取り入れてみましょう。1月に続き、着物は袷に。防寒グッズが役立ちます。

ピンクでスイートなバレンタインコーデ

モコモコのケープで、
ガーリー感アップ！
バッグや帯どめにも
ハートモチーフを。

甘めスタイルが苦手な人
は、黒地にピンクの模様
をアクセントカラーに取り入
れるとスイートビター風に。

バレンタインをテーマに
した、ピンクにハート
柄の着物。チョコレート
カラーの帯を合わせて
スイートに。

おすすめ
モチーフ

・雪
・水仙
・梅
・ふきのとう
・ヒョウ柄
　（鬼のパンツ）
・豆
・ヒイラギ
・ハート

卒業シーズンは
袴コーデも人気

厳しい寒さも終わり、暖かくなる時期です。3月といえばひな祭り。
ピンクやパープルなどの、甘みのある色をメインカラーに取り入れればお雛様モードに。
卒業式をイメージした、袴スタイルもおすすめです。袷の着物に、肌寒い日は羽織を合わせて。

卒業式コーデで女学生風！

袴スタイルは、卒業式以外でもOK。正統派の卒業式コーデなら、矢絣文様が大正ロマン風。

**おすすめ
モチーフ**

・菱型
・和楽器や屏風
・桃の花
・桜
・ツバキ
・ちょうちょ
・たんぽぽ
・竹の子

袴はスカートのようにはけるので、歩きやすさもポイントです。

編み上げショートブーツで、レトロな雰囲気を演出。ヒールは高すぎず、5〜8cmがおすすめ。

4月

お花見の季節
咲き誇る桜が定番!

満開に咲く桜の季節。モチーフは桜をメインに、パステルカラーで明るく軽やかな印象にまとめましょう。
イースターのお祭りをイメージする、うさぎをモチーフに取り入れるのも今どき。
袷の着物に、羽織やショールは薄手のものを一枚持っていると便利。

緑とピンクのツートーンで
春らんまん！

桜とちょうちょの
お花見コーデ

ピンクと黄緑色の配色で、春らしさを演出。薄手のショールで軽やかに。

おすすめ
モチーフ
・桜
・菜の花
・チューリップ
・てんとう虫
・うさぎ
・ちょうちょ
・藤

桜色に桜の花が描かれた着物。ちょうちょの刺しゅう入りの黄色い帯で、さらに明るい印象に。

着物も少しずつ衣替え
すっきりと涼しげに

初夏が到来。ゴールデンウィークを過ぎると、日によっては汗ばむことも増えてくる頃。
着物も袷の季節ですが、暑い日は単衣にしてもOK。白を貴重にした配色やモノトーンなどでまとめると、
さわやかな印象に。風を感じさせるレース生地や、薄手の羽織を取り入れてもおしゃれ。

鰹縞の着物で
立身出世を祈願！

ギンガムチェックの
ピクニックコーデ

おすすめ
モチーフ

・れんげ
・すみれ
・いちご
・牡丹
・バラ
・こいのぼり
・菖蒲

ギンガムチェックは、カ
ジュアルな着こなしに
ぴったり。麦わら帽子や
かごバッグで軽やかに。

出世魚として知られるカ
ツオの表面の縞模様を
表現した鰹縞。明るい
青の濃淡が涼しげ。

6月

梅雨ならではの
雨の日コーデを楽しんで

雨の日が多くなる梅雨の時期も、今しか着られない季節のアイテムを取り入れて楽しみましょう。
着物は単衣に。雨コートがなくても、気軽なおでかけなら化繊の着物がおすすめ。
雨に強いので手入れもラクです。

雨コートコーデ
雨の日は徹底防水！

華やかなあじさい柄で
じめじめ梅雨もハッピーに！

**おすすめ
モチーフ**

・あじさい

・ユリ

・かたつむり

・水滴、水玉

・カエル

・かさ

・さくらんぼ

雨の日は、草履の前方に「爪皮」というカバーをかぶせて水濡れを防いで。

すそ濡れを防ぐには、着付けを短めに。着物の種類によっては、スニーカーでもOK。

見た目も涼しく
さらりと着こなして

いよいよ夏本番。薄物の着物や、夏の定番である浴衣を、涼しく着こなしましょう。
七夕をテーマにしたモチーフや、マリン柄などを取り入れると、一気に夏らしさがアップ。
汗をかきやすい夏は、肌着の速乾性や着心地にもこだわって選びましょう。

レースと日傘で
波うちぎわコーデ

日傘は着物の上品さを
引き立ててくれるアイテ
ム。羽織は透け感のあ
るレース生地に。

おすすめ
モチーフ

・金魚、熱帯魚
・雪輪
・あさがお
・星、ヒトデ
・サンゴ
・マリン柄
・ホタル

ガラスの帯どめや、
ビーズを使ったか
ごバッグで涼しさ
を演出。

浴衣以外の着物の場合
は、夏でも足袋が必須。
通気性のいい麻やレー
スの足袋がおすすめ。

8月

夏祭りの主役は やっぱり浴衣

夏祭りや花火大会など、浴衣を着る機会がもっとも多い季節。着物は薄物を着ます。
扇子やうちわ、かごバッグなど、夏の気分を盛り上げるアイテムを探してみましょう。
柄にはすすき、コオロギ、スズムシなど秋のモチーフを取り入れて、季節の先取りを。

ひまわりで元気いっぱい！
夏祭りコーデ

季節を先取り
秋色カラーで渋めに

兵児帯は気軽な遊び着に。ワンランク上の装いをしたいときは、半えりや帯あげ、帯じめをプラスして。

おすすめ
モチーフ

・キキョウ
・あさがお
・すすき
・コオロギ
・風鈴
・うちわ
・スイカ

同系色のトーンでまとめると、大人っぽい印象に。足元ははだしに下駄を。

あたたかみのある
色合^{いろあ}いで秋^{あき}の訪^{おとず}れを

少^{すこ}しずつ暑^{あつ}さもやわらぎ、下旬^{げじゅん}には日^ひごとに秋^{あき}を感^{かん}じ始^{はじ}める頃^{ころ}。着物^{きもの}は単衣^{ひとえ}に衣替^{ころもが}え。
透^すけ感^{かん}など涼^{すず}しさをイメージさせる生地^{きじ}や色柄^{いろがら}より、秋^{あき}を感^{かん}じさせる茶色^{ちゃいろ}やオレンジなど、
あたたかみのあるものを選^{えら}びましょう。モチーフにも秋^{あき}を意識^{いしき}して。

水玉模様^{みずたまもよう}を月^{つき}に見立^{みた}てた
お月見^{つきみ}コーデ

トリコロールカラーで
きちんと系^{けい}

**おすすめ
モチーフ**

・コスモス
・すすき
・稲穂^{いなほ}
・菊^{きく}
・トンボ
・うさぎ
・月^{つき}

十五夜^{じゅうごや}の日^ひは着物^{きもの}で
お月見^{つきみ}を。帯^{おび}まわり
にもキュートなうさぎ
アイテムがいっぱい！

チェック柄^{がら}のカジュア
ルコーデ。帯^{おび}の色^{いろ}を
着物^{きもの}の色^{いろ}に合^あわせる
と落^おち着^ついた印象^{いんしょう}に。

10月

紅葉のシーズン
実りの秋を装いに

本格的な秋が深まり、過ごしやすい季節。着物は単衣から袷に衣替え。
落ち着いた色味には、秋をイメージするフルーツや花などのモチーフをアクセントに。
10月といえばハロウィン。洋装をミックスして現代風に着こなしを楽しんで。

ハロウィンカラーで
パーティー気分

大人っぽく
カフェタイムコーデ

黒い着物で魔女を
イメージ。えり元に
は紫を指し色にす
れば、ハロウィン
感がさらにアップ！

**おすすめ
モチーフ**

・ぶどう
・柿
・くり
・かぼちゃ
・ネコ
・おばけ
・もみじ
・イチョウ

肌寒い日は羽織や
ショールを。足元
はカジュアルな革ぐ
つを合わせても。

羽織やコートの出番
コーデに合わせて

肌寒さがちょうどよい、着物のおでかけにぴったりのベストシーズン。
秋を感じる自然の色をヒントに配色を考えてみましょう。寒い日は、羽織などの上着も欠かせません。
足袋や草履も着物の雰囲気に合わせて選びましょう。

柄×柄で
個性派文学少女風！

秋を感じる
落ち葉コーデ

おすすめ
モチーフ

・きのこ
・菊
・もみじ、イチョウ
・アンティーク
・鳥
・りす
・音符

アンティーク調の柄
の着物に、あえて柄
ありの羽織を合わせ
て個性派を強調！

モダンなチェック柄
でシンプルに。マ
フラーと手袋も着物
の色に合わせて。

12月

クリスマスに向けて
パーティーモード全開

本格的な寒さを迎え、冬本番。グレーや黒、紫、紺など落ち着いた色がおすすめです。
クリスマスカラーの赤や緑、星をイメージさせる金や黄色を取り入れると、ぐっと12月らしさが高まります。
コートやケープ、帽子や手袋などの防寒アイテムも、トータルコーデで楽しみましょう。

緑×赤×金の
クリスマスコーデ

クリスマスパーティーにはいつもより少しゴージャスに。オーナメント柄の帯に、赤いリボンを飾りつけ！

もこもこのケープに帽子と手袋で防寒対策もバッチリ。ブーツを履くときは、着物の丈はやや短めに。

小さいドット柄を、雪に見立てて粉雪風に。

おすすめ
モチーフ

・クリスマス

・雪、結晶

・星

・天使

・冬景色

・雪だるま

・ベル

コーデのお悩みＱ＆Ａ

Q どんな帯が着物に合うか、わからないときは？

着物と帯の組み合わせ方に正解はありませんが、初心者の場合は着物か帯のどちらかが無地なら、もう片方は柄を合わせるのがおすすめです。

無地×柄帯
着物と反対色の帯を合わせると、個性的でモダンな印象に。同系色の帯なら、上品に着こなせます。

柄×柄帯
合わせる柄によってはごちゃごちゃした印象になることもあり、ハードルが高め。

柄×無地帯
着物の柄が引き立ち、どんな柄でもバランスよく着こなせます。帯の色は、着物の柄から一色を選ぶと◎。

Q どんな柄が自分に似合うのか、わからないときは？

体型を活かしたりカバーしたりできるのも着物の魅力。とはいえ、自分が着たいと思ったものが一番。あまりとらわれず、たくさんの着物を鏡の前で合わせて、好みのものを選びましょう。

小柄な人や細身の人
小さい柄や線の細いストライプやチェック柄、淡い色が似合います。

大柄な人
大きな柄やはっきりした色が似合います。縦の縞文様は、体型を細く見せる効果も。

3章

着物の文様と
日本の伝統色

着物の美しい文様や伝統色は、
日本の四季や豊かな自然がもたらす美の象徴でもあります。
ここではその一部を紹介していきます。

幾何学文様

直線、曲線、点などで構成された同じ文様が、規則的に繰り返されているものです。

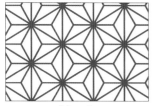

麻の葉

正六角形を基本にした直線文様。麻の葉の形に似ていることが名前の由来。

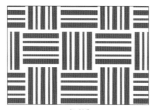

網代

竹やつたなどを薄く削って、斜めや縦横に編んだ「網代」を文様にしたもの。

鱗

三角形を交互に並べた文様。魚の鱗に似ていることが名前の由来。

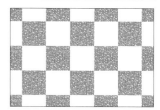

市松

色ちがいの四角形を交互に並べた文様。江戸時代の歌舞伎役者の名前に由来。

鹿の子

小鹿の背中の斑点模様に似ていることが名前の由来。「疋田」とも呼ばれます。

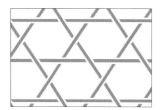

籠目

竹かごの網目を文様にしたもの。六角形と三角形が規則的に並びます。

亀甲

正六角形を並べた文様で、亀の甲に似ていることが名前の由来。

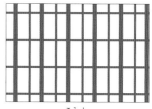

格子

「チェック柄」と呼ばれる、縦横の直線が交互に重なった縞文様の一種。

紗綾形

梵語の「卍」を斜めに崩して文様にしたもの。白い生地の地紋によく使われます。

七宝

同じ大きさの円を4分の1ずつ重ねて並べた文様。「輪ちがい」「七宝つなぎ」とも。

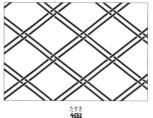

襷

斜めの線が交差した文様。多くの変化形があり、「斜め格子」「菱格子」とも。

千鳥格子

イギリスで生まれた柄。千鳥が飛ぶ姿に似ていることが名前の由来。

花菱

菱形の中に4枚の花びらを配置した文様。家紋としても使われます。

棒縞

縞文様の一種。太い縦縞がほぼ同じ幅で並んでいるのが特徴。

松皮菱

菱型に菱型を重ねたような文様。松の皮をはがした形に似ているのが名前の由来。

矢絣

矢の上部につける羽根をモチーフにしたものを交互に並べた文様。

自然・風景文様　自然現象や気象をモチーフにした、美しい文様です。

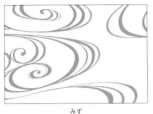

水
川や海など、水が曲がりくねって流れるようすを表した文様。

青海波
波をイメージした文様。扇形の円を互いちがいに重なり合わせています。

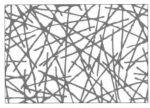

氷割
氷がひび割れたときにできる不規則な線を文様にしたもの。

雪輪
雪の結晶の六角形の輪郭を曲線でつなぎ、円形にした文様。

雲
浮かぶ雲をえがくもの、雲形の中に模様を配置したものなど、雲の文様は多数。

ヱ霞
形のない霞を直線で表し、「ヱ」の文字の形に文様にしたもの。

稲妻
直線で描かれた渦巻きが連続して並ぶ文様。「雷文」とも呼ばれます。

月
満月、三日月、半月など、さまざまな形でえがかれます。

器物文様　扇子や和楽器など、身近なものを描いて文様にしたものです。

のし
お祝いの贈り物に添える、帯状ののしの束を文様にしたもの。

風車
お正月の縁起物として飾られた玩具の風車をモチーフにした文様。

車
平安時代の貴族が乗っていた牛車の車輪を文様にしたもの。

宝船
米俵を積んだ帆かけ船がモチーフ。新年の縁起物として知られています。

扇
扇は末に広がることから縁起のいい文様としてえがかれます。

宝づくし
打出の小槌など、さまざまな宝物が集まった文様。晴れ着によく使われます。

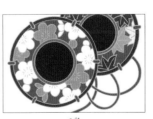

鼓
和楽器の小鼓。その他に、古典楽器を集めた「楽器づくし」という柄もあります。

手まり
子どもの玩具。かわいらしさを象徴し、子どもや女性の柄に多く見られます。

植物文様
四季を表現する花や植物は、着物の文様にもっとも用いられます。

葵
葵の葉は徳川家の家紋でも有名。さまざまな形や組み合わせがあります。

梅
冬が明けた春に先駆けて咲くことから、古来お祝いの象徴とされる花。

菊
秋の花ですが、鮮やかな色と華やかな見た目で、通年愛される文様です。

桐
日本ではもっとも格調高い文様とされる花。家紋にも使われます。

桜
春の花の代表。さまざまな組み合わせがあり、散る様子をえがくものもあります。

牡丹
美しく豪華な見た目から「百花の王」ともいわれる花。文様の種類もさまざま。

紅葉
秋に色づく楓の葉。流水や菊などとの組み合わせでも使われます。

菖蒲
初夏の花を咲かせる水辺の植物。単独のほか、景色の中でえがかれます。

動物文様
四季折々の身近な生き物の中でも、縁起物といわれる動物がえがかれることが多いです。

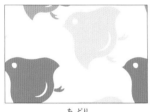

千鳥
群れで飛ぶ千鳥の様子を、文様にしたもの。写実的にえがく文様もあります。

つばめ
春に越冬した先から戻ってくるつばめを描く、春を象徴する文様。

鶴
鶴は長生きの象徴として知られます。写実的にえがかれたものは、婚礼衣装に。

とんぼ
前にしか進まないことから「勝虫」と呼ばれ、武士の着物に用いられた縁起物。

ちょう
鮮やかな色、形、舞う姿の華やかさが魅力。さまざまな文様にえがかれます。

かに
夏の装いに合う水辺の生物。「災難を断ち切る」という意味の縁起物としても。

金魚
文字通り「金」をもたらす縁起のいい魚。赤い金魚は幸せの象徴ともいわれます。

うさぎ
古来、縁結びの神の使いとして、尊ばれる動物。中国では長寿の象徴です。

日本の伝統色

日本でつけられた色名には四季折々の草木や動物など、自然に由来するものが多くあります。

さくらいろ **桜色**	あかねいろ **茜色**	しゅいろ **朱色**	きつねいろ **狐色**	こうじいろ **柑子色**	うぐいすいろ **鶯色**
ときいろ **鴇色**	えんじいろ **臙脂色**	おうにいろ **黄丹色**	くりいろ **栗色**	やまぶきいろ **山吹色**	わかくさいろ **若草色**
ももいろ **桃色**	あずきいろ **小豆色**	こうろぜん **黄櫨染**	べんがらいろ **弁柄色**	きはだいろ **黄蘗色**	もえぎいろ **萌黄色**
せいじいろ **青磁色**	そらいろ **空色**	はなだいろ **縹色**	ふじむらさきいろ **藤紫色**	ききょういろ **桔梗色**	しろねりいろ **白練色**
わかたけいろ **若竹色**	あさぎいろ **浅黄色**	あいいろ **藍色**	はとばいろ **鳩羽色**	えどむらさきいろ **江戸紫色**	ぎんねずいろ **銀鼠色**
まつばいろ **松葉色**	ちぐさいろ **千草色**	なんどいろ **納戸色**	すみれいろ **菫色**	しこんいろ **紫紺色**	すみいろ **墨色**

Column

紋とは

紋の起源は平安時代。貴族が動植物や器物、文字などをモチーフにつくられた文様を、家のシンボルとして用いたことが始まりです。戦国時代には敵味方の目印となり、江戸時代には武家の家柄を表すものへ発展し、しだいにその家の印として衣服につけることが定着しました。現代でも格を表す装飾として、和装の礼装につけられています。

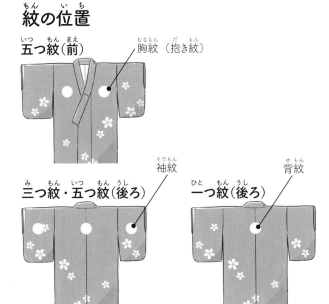

紋の位置

五つ紋（前）　胸紋（抱き紋）

三つ紋・五つ紋（後ろ）　袖紋

一つ紋（後ろ）　背紋

いろいろな家紋

紋の種類はさまざまで、2万種以上もあるといわれています。ここでは代表的な家紋の一部を紹介します。

片喰

丸に三つ引き

丸に四つ目菱

丸に違い鷹の羽

下り藤

揚羽蝶

丸に日の丸扇

織田木瓜

源氏車

五三桐

鶴の丸

有馬巴

さくいん

楽しむ伝統文化　着物

②着物のシーン別・12か月コーデ

2024年1月5日発行　第1版第1刷©

監　修　織田きもの専門学校

発行者　長谷川 翔

発行所　株式会社 保育社

　〒532-0003
　大阪市淀川区宮原3－4－30
　ニッセイ新大阪ビル16F
　TEL 06-6398-5151　FAX 06-6398-5157
　https://www.hoikusha.co.jp/

企画制作　株式会社メディカ出版
　TEL 06-6398-5048（編集）
　https://www.medica.co.jp/

編集担当　二畠令子／中島亜衣／佐藤いくよ

編集制作　株式会社スリーシーズン（藤門杏子）

装　　幀　キガミッツ

本文デザイン　キガミッツ

表紙イラスト　山崎零

本文イラスト　meeco ／ Guu

印刷・製本　株式会社精興社

ISBN978-4-586-08672-6　　　　　　　　Printed and bound in Japan